GIPFELGLÜCK
und Hochgefühle

Der Berg ist für den Menschen seit jeher mehr als nur eine geologische Formation, er ist eine Lebensphilosophie. Eine Herausforderung, der man mit Freude und Leidenschaft und zugleich mit großem Respekt begegnet.

In einigen Kulturen als Gottheit verehrt, in Liedern und Gedichten als Ort der Zuflucht aus den Zwängen der Zivilisation verherrlicht, von Mythen und Sagen umwoben, verbinden wir den Berg mit Freiheit und Inspiration, mit Lebenslust und Energie, mit Sport bis an die Grenzen und geistiger Harmonie. Die Urriesen sind unser natürliches Kulturgut, die es zu schätzen und zu verteidigen gilt.

Wie komm ich am besten
den Berg hinan?
Steig nur hinauf und
denk nicht dran!

Friedrich Nietzsche

Gämse in der Hohen Tatra/Slowakei

Wer recht in Freuden wandern will, der geh der Sonn' entgegen.

Emanuel Geibel

Semeru/Java

Pyrenäen nahe Canillo/Andorra

> Du hast in dir den Himmel
> und die Erde.
>
> — Hildegard von Bingen

Karpaten-Panorama/Rumänien

Mount Everest/Nepal

Es ist unglaublich, wie viel *Kraft* die Seele dem Körper zu leihen vermag.

Wilhelm von Humboldt

Himalaja/Nepal

Stärke entspringt nicht physischer Kraft, sondern einem unbeugsamen *Willen.*

Mahatma Gandhi

Swayambhunath-Tempel/Nepal

Je freier man atmet, je freier lebt man.

William Blake

Mustagh Ata/China

Den Mutigen lächelt das Glück.

Simonides von Keos

Jungfraujoch/Schweiz

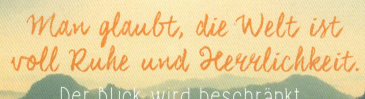

Man glaubt, die Welt ist
voll Ruhe und Herrlichkeit.
Der Blick wird beschränkt,
nur das Nächste dringt in das Auge
und ist doch wieder eine
unfassbare Menge der Dinge.

Adalbert Stifter

Rocky Mountains/USA

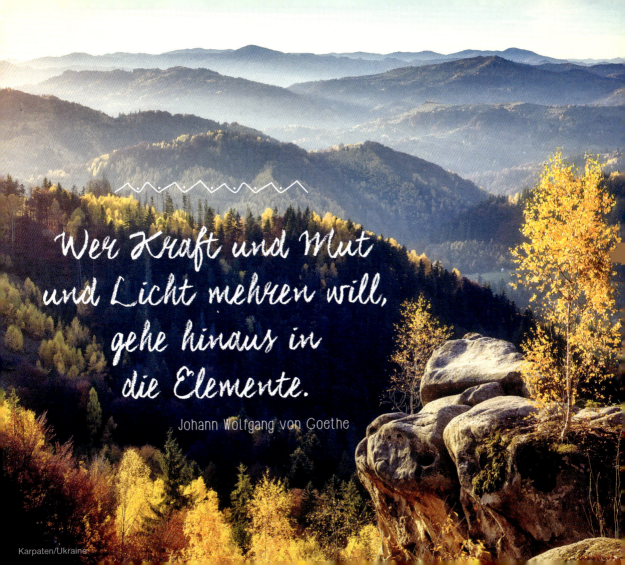

Das nächste Ziel mit Lust und Freude
und aller Kraft zu verfolgen,
ist der einzige Weg,
das Fernste zu erreichen.

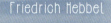
Friedrich Hebbel

Olymp/Griechenland

Dem Fröhlichen gehört die Welt, die Sonne und das Himmelszelt.

Theodor Fontane

Blick aus dem Zelt

Steigeisen eines Extrembergsteigers

Matterhorn und Stellisee/Schweiz

Alle Menschen werden die *Wahrnehmung* machen, dass man auf hohen Bergen, wo die Luft rein und dünn ist, freier atmet und sich körperlich leichter und geistig heiterer fühlt.

Jean-Jacques Rousseau

Fuji/Japan

Kletterer am Eiswasserfall

Kloster am Annapurna/Nepal

Sei dir deiner Kräfte,
Bedürfnisse und Möglichkeiten bewusst,
dann wirst du auf dem Weg,
den du beschreitest,
einen Gefährten haben.

Weisheit aus Tibet

Es macht Spaß,
das Unmögliche zu versuchen.

Walt Disney

Matterhorn und Riffelsee/Schweiz

Es gibt weder Zukunft noch Vergangenheit.
Es ist nur der Moment. Der Körper ist leicht.
Der Kopf völlig frei.

Alexander Huber

Berg-Panorama

Wer einen
steilen Berg erklimmt,
hebt an mit ruhigem Schritt.

William Shakespeare

Skifahrer im Aufstieg

Gletscherlandschaft/Grönland

Alle *Hindernisse und Schwierigkeiten* sind Stufen, auf denen wir in die Höhe steigen.

Friedrich Nietzsche

Mountainbiker

Tue das, wodurch du würdig wirst, glücklich zu sein.

Immanuel Kant

Der Schritt verrät,
ob einer schon
auf seiner Bahn schreitet:
So seht mich gehn!
Wer aber seinem Ziel
nahe kommt, der tanzt.

          Friedrich Nietzsche

Am Ziel

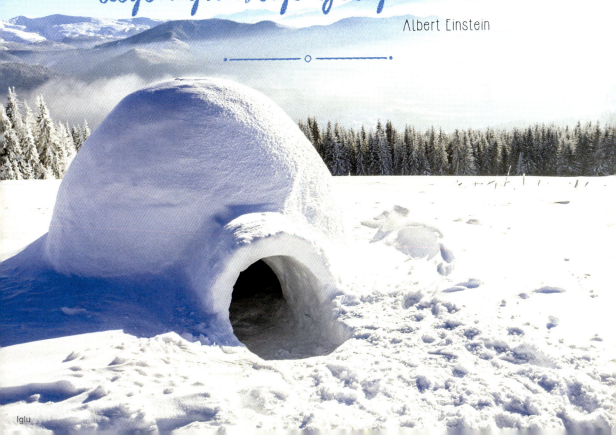

Wenn du den steilen Berg ersteigst,
wirst du beträchtlich ächzen;
doch wenn du den felsigen Gipfel erreichst,
hörst du die Adler krächzen.

Heinrich Heine

Alpenhütte

Eile ist nur zum Flöhefangen gut.

Weisheit aus Lappland

Jasper-Nationalpark/Kanada

Mut steht am Anfang des Handelns, Glück am Ende.

Demokrit

Baltoro-Gletscher/Karakorum

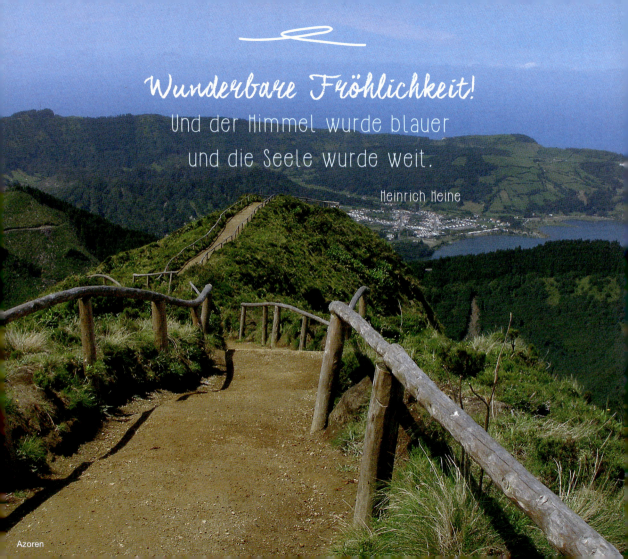

Ein Sonnenstrahl kann einen anderen Menschen aus mir machen.

Hugo von Hofmannsthal

Die Freude, etwas anzusehen und es zu verstehen, ist das schönste Geschenk der Natur.

Albert Einstein

Halo im Krimgebirge

Eines zu sein mit Allem,
das ist Leben der Gottheit,
das ist der Himmel des Menschen.

Friedrich Hölderlin

Steig, o Seele, mit diesen trutzigen Urweltriesen! Recke dich! Strecke dich!

Friedrich Theodor Vischer

Schlern mit St. Valentin bei Seis/Italien

Magnesiabeutel und Kletterschuhe

Alpenhütte/Schweiz

Die Freiheit
ist mein Leben und bleibt es allezeit.

Hoffmann von Fallersleben

Lechtaler Alpen/Österreich

In der Ruhe liegt die Kraft.

Deutsches Sprichwort

Blick vom Gokyo Ri/Nepal

Wanderer im Himalaja

Murmeltier/Französische Alpen

Alpen, o wie stärkte mich die Rast, lagernd auf dem weichen Grün der Wiesen, Kräuterdüfte fächelten den Gast, eisgeharnischt ragten eure Riesen.

Nikolaus Lenau

Allgäuer Alpen/Deutschland

Nie war, wie in Tirol, ich derart nah den Sternen.

Joachim Ringelnatz

Langkofel und Sella/Italien

Die Blumen, die auf den Gipfeln der Berge blühen, würden ihren Platz niemals mit der Gartenrose tauschen.

Armenisches Sprichwort

Alpenrose

Ferne Berge seh ich glühen!
Unruhvoller Wandersinn!
Morgen will ich weiterziehen.

Wilhelm Busch

Draußen fühlt man sich *groß und frei*,
wie die große Natur, die man vor Augen hat.

Johann Wolfgang von Goethe

Kilimandscharo/Tansania

Vulkan im Altiplano/Peru

Heißluftballons über Kapadokien/Türkei

Kea im Hooker Valley/Neuseeland

Über allen Gipfeln ist Ruh,
in allen Wipfeln spürest du
kaum einen Hauch.

Johann Wolfgang von Goethe

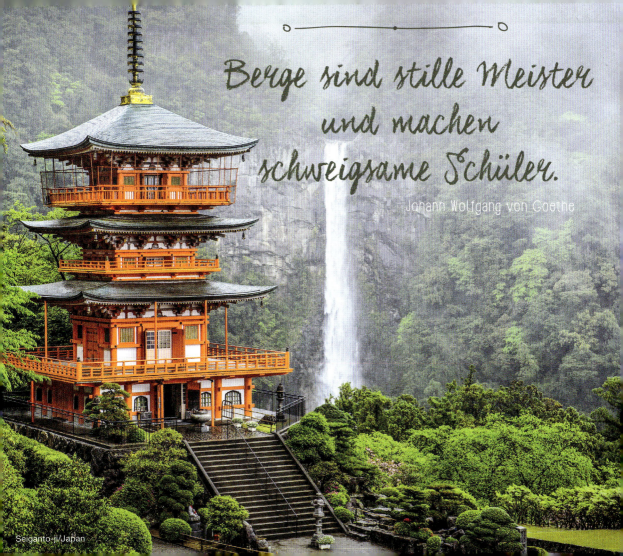

Das größte Risiko auf Erden laufen die Menschen, die nie das kleinste Risiko eingehen wollen.

Bertrand Russell

Bildnachweis

Coverabbildung: www.istockphoto.com/000031173118

Fotografien Innenteil:
www.shutterstock.com: S. 4: Elena Dijour, S. 5: j.wootthisak, S. 7: Mikadun, S. 9: Dmytro Gilitukha, S. 11: SeeWorld88, S. 12: apgestoso, S. 13, 17, 37, 132, 172: Creative Travel Projects, S. 15: Pavel Burchenko, S. 16: Dominik Michalek, S. 18, 111: Piotr Snigorski, S. 19: Micha Rosenwirth, S. 20: SJ Travel Photo and Video, S. 21: Photobac, S. 22: Vitaliy Mateha, S. 23: Andrey Maximov, S. 24, 46, 78, 147, 165: everst, S. 25: Mikadun, S. 26: Andrea Obzerova, S. 27, 35, 38, 65, 67, 75, 179: Galyna Andrushko, S. 28: AMB, S. 29, 61: Daniel Prudek, S. 30, 141: Alex Brylov, S. 31: Vitaliy Mateha, S. 32: rm, S. 33: Krissanapong Wongsawarng, S. 34: Alberto Zornetta, S. 36: rdonar, S. 39, 52, 64: Vixit, S. 41: Photobac, S. 45: Taras Kushnir, S. 47: IM_photo, S. 49: Volodymyr Goinyk, S. 51, 184: canadastock, S. 53: Gaspar Janos, S. 55: structuresxx, S. 57, 168: Vitalii Nesterchuk, S. 59: gevision, S. 62: vitormarigo, S. 63: Mavrick, S. 66: Paul Aniszewski, S. 68, 129: Blazej Lyjak, S. 69: TonToxin, S. 71: Smokedsalmon, S. 72, 85, 157, 158: Olga Danylenko, S. 73: Efired, S. 77: Inu, S. 79: biletskiy, S. 80: Alexander Chaikin, S. 81: PetrJanJuracka, S. 82: lassedesignen, S. 83: Dziewul, S. 86, 152: Anze Bizjan, S. 88: lzf, S. 89, 117, 149: by Paul, S. 90, 138: CHEN MIN CHUN, S. 92: muh23, S. 93: Anton Jankovoy, S. 95: Duncan Andison, S. 97: Meiqianbao, S. 98: Anton_Ivanov, S. 99: LaiQuocAnh, S. 101: Vitalii_Mamchuk, S. 103: Indewarrdew, S. 104: saiko3p, S. 105: r.classen, S. 106: Sergey Uryadnikov, S. 107: mjaud, S. 109: Brendan van Son, S. 113: Alexander Demyanenko, S. 114: KingRobert, S. 115: Wolfilser, S. 119: SUPACHART, S. 121: FooTToo, S. 123: Patrick Poendl, S. 124: Anton Petrus, S. 125: gevision, S. 126: kavram, S. 128: Venera Salman, S. 130: Reidl, S. 131: bcampbell65, S. 133: Max Topchii, S. 134: GeNik, S. 135: Peter Stein, S. 136: Jens Ottoson, S. 137: Vadim Petrakov, S. 139: Felix Lipov, S. 140: Anna Chudinovskykh, S. 142: miramis, S. 143: Juanan Barros Moreno, S. 144. Sean Pavone, S. 145: Robert L Kothenbeutel, S. 146: Juerg Eugster, S. 148: Florian Schuetz, S. 150: Stasis Photo, S. 151: nataliafrei, S. 153: BJP Mol, S. 154: Farion_O, S. 155. Ukko, S. 156: Marcos Amend, S. 159: Angelo Ferraris, S. 160: Christian Musat, S. 161: NAR studio, S. 162: Jakub Czajkowski, S. 163: Arya Photos, S. 164: Gerhard Roethlinger, S. 166: Mike Pellinni, S. 167: Maxim Petrichuk, S. 169 Miguel Castans Monteagudo, S. 170: marcokenya, S. 171: Vitalii Nesterchuk, S. 173: TTstudio, S. 174: manfredxy, S. 175: Uhryn Larysa, S. 177: Smolina Marianna, S. 181: Tatiana Popova, S. 182: Eder, S. 183: SantiPhotoSS, S. 185: Christian Kornacker, S. 186: Tero Sivula, S. 187: Phaendin, S. 188. wernerimages, S. 189: Sean Pavone, S. 190: Jakub Cejpek;
Dr. Rudolf Gallina: S. 6, 8, 10, 14, 40, 42, 43, 44, 48, 50, 54, 56, 58, 60, 70, 74, 76, 84, 87, 91, 94, 96, 100, 102, 108, 110, 112, 116, 118, 120, 122, 126, 176, 178, 180
Vignetten/Illustrationen: artenetwork Werbeagentur, Roberto Santa Ursula Gallego

In einigen Fällen war es nicht möglich, für den Abdruck der Texte die Rechteinhaber zu ermitteln.
Honoraransprüche der Autoren, Verlage und ihrer Rechtsnachfolger bleiben gewahrt.

© 2016 arsEdition GmbH, Friedrichstr. 9, 80801 München
Alle Rechte vorbehalten
Covergestaltung: Romy Pohl, Grafisches Atelier
Gestaltung Innenteil: artenetwork Werbeagentur, www.artenetwork.de
Printed by Tien Wah Press
ISBN 978-3-8458-1915-0
1. Auflage

www.arsedition.de